WeightWatchers®

Pasta!

Rezepte, die glücklich machen

Alles andere als langweilig sind die fleischlosen Kreationen in diesem Kapitel: Wie wäre es mal mit raffinierten Artischocken-Zitronen-Linguine, pikanten Ziegenkäseravioli oder einem blitzschnellen Pesto?

Zutatenlisten aller Rezepte als Einkaufszettel direkt auf Ihr Handy!

So geht's: QR-Code-Reader im Handy aufrufen und QR-Code scannen. Ein Link führt Sie zur Kapitelübersicht und später zu der Zutatenliste. Handy mit in den Supermarkt nehmen und Einkaufszettel jederzeit aufrufen.

Voraussetzung: internetfähiges Handy mit Kamerafunktion und installierter QR-Code-Reader-App. Durch die Nutzung des Internets können, abhängig von Ihrem Mobilfunkvertrag, Kosten entstehen.

Rezeptinfos:

ProPoints® Wert und zusätzlich kJ / kcal pro Person

Fertig in: entspricht dem kompletten Zeitaufwand inkl. Back-, Gar-, Marinierzeit etc.

Davon aktiv: entspricht dem Zeitaufwand der Vorbereitung wie Schneiden, Rühren etc.

Die richtige Ernährung ist der erste Schritt!

Schön, dass Sie sich für eins unserer Kochbücher entschieden haben und damit für eine gesunde und ausgewogene Ernährung. Denn dafür steht Weight Watchers immerhin schon seit mehr als 40 Jahren in Deutschland.

Weight Watchers ist weit mehr als eine Diät. Es ist ein ganzheitliches, flexibles Ernährungsprogramm. Neben einer Ernährungsumstellung sind auch Bewegung und persönliche Unterstützung wichtige Bestandteile unseres Konzeptes.

Wir bieten Coachings in wöchentlichen Treffen an, wo jeder Interessierte kennenlernen kann, wie abwechslungsreiche Ernährung und Bewegung dazu beitragen können, lange gesund und leistungsfähig zu bleiben. Und auch erfolgreich sein Wunschgewicht zu erreichen. Wenn Sie mehr der Online-Typ sind, ist Weight Watchers Online vielleicht etwas für Sie – hier gibt es Zugriff auf die besten interaktiven Tools für eine erfolgreiche Abnahme, und die App für unterwegs gibt es automatisch dazu.

Denjenigen, die es individueller gestalten möchten, bieten wir auch persönliche Coachings an.

Unser Ziel ist es, ganz einfach Menschen für einen aktiven und ausgewogenen Lebensstil zu begeistern – dazu gehört auch ein gesundes Körpergewicht. Das Weight Watchers Programm basiert auf aktuellen wissenschaftlichen Erkenntnissen und langer Erfahrung. Es bietet ein Höchstmaß an Flexibilität und Alltagstauglichkeit.

Die Weight Watchers Kochbücher sind die perfekte Ergänzung auf dem eigenen Weg zum Wunschgewicht. Mit unkomplizierten Rezepten wird Kochen einfach zum Vergnügen! Die leckeren Gerichte sind problemlos nachzukochen und gelingen immer. Und das mit frischen Zutaten, die Sie in jedem gut sortierten Supermarkt erhalten. Dabei müssen Sie auf nichts verzichten und können gleichzeitig Familie und Freunde mit abwechslungsreichen Weight Watchers Gerichten verwöhnen. Unsere Fertiggerichte und Snacks runden unser Angebot ab und sind eine gesunde und schnelle Alternative im stressigen Alltag.

Wie das Weight Watchers Programm funktioniert, schildert Ihnen Nadine auf Seite 110 – 111.

Wir wünschen Ihnen gutes Gelingen und guten Appetit!

Ihr Weight Watchers Team

Herzhaft-würzige Kreationen mit Fleisch

Herrlich angebratene Rinderfiletstreifen, Hähnchenbrust oder Lammfilet geben Ihrer Nudelsauce ein herzhaft-würziges Aroma. Fein abgestimmte Kräuter sorgen für die typisch mediterrane Seele des Pastagerichtes.

Spaghetti Carbonara

Fertig in: 25 Minuten
Davon aktiv: 20 Minuten

Für 2 Personen:
120 g trockene Spaghetti
Salz
1 Lollo rosso
125 g fettarmer Joghurt
1 EL Weißweinessig
1 TL Ahornsirup
2 EL gehackte Petersilie
Pfeffer
1 Eigelb
100 ml Cremefine zum Kochen, 7 % Fett
3 EL Kräuterfrischkäse, bis 1 % Fett absolut
1 Prise geriebene Muskatnuss
1 TL Pflanzenöl
1 Knoblauchzehe
80 g magere Schinkenwürfel
gek.

1. Nudeln nach Packungsanweisung in Salzwasser garen. Salat waschen, trocken schleudern und in mundgerechte Stücke zerteilen. Für das Dressing Joghurt mit Essig, Ahornsirup und 1 Esslöffel Petersilie verrühren und mit Salz und Pfeffer abschmecken.

2. Eigelb mit Cremefine, Frischkäse und restlicher Petersilie verquirlen und mit Salz, Pfeffer und Muskatnuss würzen. Öl in einer Pfanne erhitzen, Knoblauch dazupressen und Schinkenwürfel darin ca. 1–2 Minuten anbraten.

3. Nudeln abgießen und in die Pfanne geben. Eiermischung darübergießen, gut verrühren, in der Pfanne erwärmen und nicht mehr kochen lassen. Salat mit Dressing beträufeln und mit Spaghetti Carbonara servieren.

pro Person
11 ProPoints Wert
1934 kJ
463 kcal

Spaghetti Italia

Fertig in: 30 Minuten
Davon aktiv: 25 Minuten

Für 4 Personen:
2 Stangen Staudensellerie
240 g trockene Spaghetti
Salz
1 TL Pflanzenöl
150 g Salsicciabrät (ersatzweise Bratwurstbrät)
800 g passierte Tomaten (Konserve)
1 EL gehacktes Basilikum
1 TL gehackter Majoran
Pfeffer
1 EL dunkler Balsamicoessig
1 Prise Zucker
200 g Feldsalat
150 g Magermilchjoghurt
2 TL kalorienreduzierte Aprikosenkonfitüre
1 EL gehackte Haselnüsse
3 EL Parmesanhobel

pro Person
11 ProPoints Wert | 1916 kJ
458 kcal

1. Sellerie waschen und in Stücke schneiden. Spaghetti nach Packungsanweisung in Salzwasser garen. Öl in einem Topf erhitzen und Selleriestücke darin ca. 4 Minuten andünsten. Brät hinzufügen und kurz mitbraten.

2. Mit Tomaten ablöschen und mit Basilikum, Majoran, Salz und Pfeffer würzen. Sauce mit Balsamicoessig und Zucker verfeinern und zugedeckt ca. 5 Minuten köcheln lassen.

3. Feldsalat waschen und trocken schleudern. Für das Dressing Joghurt mit Konfitüre und Nüssen verrühren. Mit Salz und Pfeffer würzen. Feldsalat mit Dressing vermengen. Nudeln abgießen, unter die Sauce heben, mit Parmesan bestreuen und mit Feldsalat servieren.

Penne mit Steaksauce

Fertig in: 30 Minuten
Davon aktiv: 25 Minuten

Für 1 Person:
50 g trockene Penne
Salz
120 g Rindersteak
1 TL Pflanzenöl
Pfeffer
je 1 rote und gelbe Paprika
3 EL Cremefine zum Kochen, 15 % Fett
Paprikapulver
1/2 TL Ajvar
1 EL Gemüsebrühe (1 Prise Instantpulver)
1 EL Balsamicoessig
1 TL süßsaure Sauce
75 g Rucola

pro Person
11 ProPoints Wert
2438 kJ
583 kcal

1. Nudeln nach Packungsanweisung in Salzwasser garen. Rindersteak trocken tupfen und in Streifen schneiden. Öl in einer Pfanne erhitzen, Steakstreifen darin ca. 1–2 Minuten rundherum anbraten, salzen, pfeffern und herausnehmen.

2. Paprika waschen und entkernen. 1/4 der roten Paprika fein würfeln, restliche Paprika in Stücke schneiden. Paprikastücke im Bratensatz ca. 2 Minuten anbraten. Mit Cremefine ablöschen und mit Paprikapulver, Ajvar, Salz und Pfeffer würzen. Steakstreifen unterheben und ca. 2 Minuten erwärmen.

3. Für das Dressing Brühe, Balsamicoessig, süßsaure Sauce und Paprikawürfel verrühren. Nudeln abgießen. Rucola waschen, trocken schleudern, auf einen Teller geben und mit Dressing beträufeln. Penne mit Steaksauce anrichten, nach Wunsch mit Rucola garnieren und mit Salat servieren.

Pasta Vitello Tonnato

Fertig in: 30 Minuten
Davon aktiv: 25 Minuten

Für 4 Personen:
1 Dose Tunfisch im eigenen Saft (150 g Abtropfgewicht)
1 Zitrone
3 TL Kapern
200 ml Gemüsebrühe (1 TL Instantpulver)
200 g Frischkäse, bis 1 % Fett absolut
6 EL Crème légère
Salz
Pfeffer
300 g Kalbsschnitzel
2 Römersalatherzen
1 rote Zwiebel
2 EL dunkler Balsamicoessig
1 EL gehacktes Basilikum
1 TL Pflanzenöl
300 g Tagliatelle (Frischprodukt)
1 EL gehackte Petersilie

1. Tunfisch abtropfen lassen. Zitrone auspressen und Tunfisch mit 2 Teelöffeln Kapern, 1 Teelöffel Zitronensaft, 150 ml Brühe, Frischkäse und Crème légère pürieren. Mit Salz und Pfeffer würzen.

2. Kalbsschnitzel trocken tupfen und in Streifen schneiden. Salat waschen, trocken schleudern und in mundgerechte Stücke zerteilen. Zwiebel schälen und in Würfel schneiden. Für das Dressing restliche Brühe, 2 Teelöffel Zitronensaft, Balsamicoessig und Basilikum verrühren. Mit Salz und Pfeffer würzen.

3. Öl in einem Topf erhitzen, Kalbsschnitzelstreifen darin ca. 3 Minuten rundherum anbraten. Mit Salz und Pfeffer würzen, Tunfischsauce hinzufügen und kurz erwärmen. Nudeln zur Sauce geben und ca. 5 Minuten bei mittlerer Hitze köcheln lassen. Salat mit Zwiebelwürfeln und Dressing vermengen. Nudeln und Sauce mit Petersilie und restlichen Kapern bestreuen und mit Salat servieren.

pro Person
8 ProPoints Wert
1675 kJ
401 kcal

Nudelrouladen mit Pilzsauce

Fertig in: 60 Minuten
Davon aktiv: 25 Minuten

Für 4 Personen:
4 trockene Lasagneplatten
Salz
1 Zwiebel
1 Knoblauchzehe
400 g Champignons
1 Stange Lauch
200 g Tatar
1 Ei
1 EL Paniermehl
2 EL Tomatenmark
1 EL gehacktes Basilikum
Pfeffer
1 TL Pflanzenöl
200 ml Gemüsebrühe (1 TL Instantpulver)
1 TL Mehl
90 ml Cremefine zum Kochen, 15 % Fett
90 g geriebener Käse, 30 % Fett i. Tr.

pro Person
7 ProPoints Wert
1373 kJ
328 kcal

1. Lasagneplatten ca. 4 Minuten in Salzwasser vorgaren und auf einem Küchentuch abtropfen lassen. Zwiebel schälen und in Würfel schneiden. Knoblauch pressen. Champignons trocken abreiben und in Scheiben schneiden. Lauch waschen und in Ringe schneiden.

2. Backofen auf 180° C (Gas: Stufe 2, Umluft: 160° C) vorheizen. Tatar mit Ei, Paniermehl, Tomatenmark und Basilikum verkneten. Mit Salz und Pfeffer würzen. Tatarmasse auf die Lasagneplatten streichen und aufrollen.

3. Öl in einem Topf erhitzen und Zwiebelwürfel, Knoblauch und Lauchringe darin ca. 3 Minuten andünsten. Champignonscheiben zufügen und weitere ca. 2 Minuten dünsten. Mit Brühe ablöschen und aufkochen. Mehl mit Cremefine anrühren, zur Sauce geben und weitere ca. 2 Minuten köcheln lassen.

4. Etwas Sauce in eine Auflaufform (ca. 20 x 20 cm) geben, Nudelrouladen darauflegen und mit restlicher Sauce bedecken. Mit Käse bestreuen, im Backofen auf mittlerer Schiene ca. 30–35 Minuten garen und servieren.

Linguine in Pilzsauce

Fertig in: 35 Minuten
Davon aktiv: 30 Minuten

Für 4 Personen:
4 Schalotten
4 Scheiben Serranoschinken
500 g Kräuterseitlinge (ersatzweise braune Champignons)
1 TL Pflanzenöl
Salz
Pfeffer
250 ml Cremefine zum Kochen, 15 % Fett
300 g Linguine (Frischprodukt)
1 TL gehackter Estragon

pro Person 7 ProPoints Wert | 1212 kJ 290 kcal

Vollkorn Linguine trocken

1. Schalotten schälen und mit Serranoschinken in Streifen schneiden. Pilze trocken abreiben und in Stücke schneiden. Öl in einer Pfanne erhitzen und Pilzstücke darin ca. 3 Minuten anbraten. Schalottenstreifen zugeben und weitere ca. 2 Minuten braten. Mit Salz und Pfeffer würzen und mit Cremefine ablöschen.

2. Nudeln untermischen, mit Estragon würzen und ca. 5 Minuten erhitzen. Mit Salz und Pfeffer abschmecken. Linguine in Pilzsauce mit Schinkenstreifen bestreuen und servieren.

Dazu passt ...

... ein fruchtiger Chicoréesalat. Dafür 4 Chicorée in Streifen schneiden. 2 Orangen filetieren, dabei den Saft auffangen. Orangenfilets und Chicoréestreifen mischen. Für das Dressing Orangensaft, 50 ml Gemüsebrühe (2 Prisen Instantpulver), 1 EL Apfelessig und 1 TL gehackte Petersilie mischen, salzen und pfeffern. Der *ProPoints*® Wert pro Person ändert sich nicht (1532 kJ / 366 kcal).

Makkaroni in Rinderfilet-Trauben-Sauce

Fertig in: 25 Minuten
Davon aktiv: 10 Minuten

Für 2 Personen:
100 g trockene Makkaroni
Salz
1 Zweig Rosmarin
200 g Rinderfilet
2 TL Pflanzenöl
Pfeffer
1 EL Tomatenmark
1 TL Mehl
300 ml Gemüsebrühe
(1 TL Instantpulver)
1 EL dunkler Balsamicoessig
60 ml roter Traubensaft
200 g Pflücksalatmischung
(Kühltheke)
1 Becher Weight Watchers
Frisches Joghurt Dressing
mit fruchtiger Zitronennote
(150 ml)
1 Prise Zucker

pro Person 11 ProPoints® Wert | 1703 kJ 407 kcal

1. Nudeln nach Packungsanweisung in Salzwasser garen. Rosmarin waschen und trocken schütteln. Filet trocken tupfen und in Streifen schneiden. Öl in einer Pfanne erhitzen, Filetstreifen darin ca. 1–2 Minuten rundherum braten, mit Salz und Pfeffer würzen und herausnehmen. Tomatenmark und Mehl im Bratensatz anschwitzen, unter Rühren mit Brühe ablöschen und aufkochen. Essig, Traubensaft und Rosmarin dazugeben und Sauce ca. 8–10 Minuten einkochen lassen.

2. Salat waschen, trocken schleudern und mit Dressing beträufeln. Rosmarin aus der Sauce entfernen, Filetstreifen zufügen und erwärmen. Sauce mit Salz, Pfeffer und Zucker würzen. Nudeln abgießen, mit Sauce anrichten und mit Salat servieren.

Die Sauce wird cremiger, ...

... wenn Sie die Mehlschwitze statt mit Traubensaft und Gemüsebrühe nur mit 250 ml Brühe (1 TL Instantpulver) ablöschen. Verfeinern Sie die Sauce nach dem Einkochen mit 3 EL Cremefine zum Kochen (7 % Fett). Der *ProPoints*® Wert pro Person ändert sich nicht (1829 kJ / 439 kcal).

Cannelloni mit Zitronen-Kalbfleisch-Füllung

Fertig in: 85 Minuten
Davon aktiv: 30 Minuten

Für 4 Personen:
2 Knoblauchzehen
250 g mageres Kalbfleisch
500 g Champignons
5 Schalotten
300 ml Gemüsebrühe
(2 TL Instantpulver)
Salz
Pfeffer
1 TL abgeriebene Schale einer unbehandelten Zitrone
2 TL gehackte Petersilie
1/2 TL getrockneter Thymian
200 g Hüttenkäse, 20 % Fett i. Tr.
12 trockene Cannelloni
400 g Blattspinat (TK)
3 EL Cremefine zum Verfeinern
2 EL Speisestärke
5 EL Wasser

pro Person
7 ProPoints Wert | 1355 kJ
324 kcal

1. Für die Cannelloni Knoblauch schälen, Kalbfleisch trocken tupfen, Champignons trocken abreiben, 3 Schalotten schälen und alles in Würfel schneiden. Knoblauch, Kalbfleisch,- Champignonwürfel mit 50 ml Brühe pürieren. Mit Salz, Pfeffer und Zitronenschale würzen und mit Petersilie und Thymian verfeinern. 1 Esslöffel Hüttenkäse untermischen und Cannelloni damit füllen. Cannelloni in eine Auflaufform (ca. 27 x 23 cm) legen und mit restlicher Füllung bestreichen.

2. Backofen auf 180° C (Gas: Stufe 2, Umluft: 160° C) vorheizen. Für die Sauce Spinat auftauen lassen. Restliche Schalotten schälen, in Streifen schneiden und beides in restlicher Brühe ca. 5 Minuten andünsten. Cremefine untermischen und mit Salz und Pfeffer kräftig würzen. Stärke mit Wasser anrühren, unter die Sauce rühren und aufkochen lassen.

3. Cannelloni mit Spinatsauce bedecken. Restlichen Hüttenkäse darauf verteilen und mit Salz und Pfeffer würzen. Cannelloni im Backofen auf mittlerer Schiene ca. 35–40 Minuten backen und servieren.

Tagliatelle mit Curry-Kokos-Sauce

Fertig in: 25 Minuten
Davon aktiv: 20 Minuten

Für 2 Personen:
350 g kleine Broccoliröschen
1 Bund Frühlingszwiebeln
200 g Hähnchenbrustfilet
300 ml Gemüsebrühe
(1 TL Instantpulver)
100 g trockene Tagliatelle
Salz
25 g getrocknete Aprikosen
1 EL Kokosraspel
1 TL Pflanzenöl
Pfeffer
1 Knoblauchzehe
125 ml Kokosmilch light
1 TL heller Saucenbinder
1 TL Currypulver
1/2 TL Paprikapulver
1 TL Limettensaft

pro Person
11 ProPoints Wert
2122 kJ
508 kcal

1. Broccoliröschen und Frühlingszwiebeln waschen. Frühlingszwiebeln in Ringe schneiden. Filet abspülen, trocken tupfen und in Streifen schneiden. Broccoliröschen in Brühe zugedeckt ca. 5 Minuten vorgaren. Nudeln nach Packungsanweisung in Salzwasser garen.

2. Broccoliröschen abgießen und das Kochwasser dabei auffangen. Aprikosen hacken. Kokosraspel fettfrei in einer Pfanne rösten und herausnehmen. Öl in der Pfanne erhitzen, Filetstreifen darin ca. 2–3 Minuten rundherum braten, mit Salz und Pfeffer würzen und herausnehmen.

3. Knoblauch pressen, im Bratensatz mit Frühlingszwiebelringen kurz andünsten. Mit Kokosmilch und 125 ml Broccolisud ablöschen, Saucenbinder einrühren, Aprikosenstücke zufügen und aufkochen. Filetstreifen und Broccoliröschen in die Sauce geben, erwärmen und mit Salz, Pfeffer, Curry-, Paprikapulver und Limettensaft würzen. Nudeln abgießen. Sauce mit Kokosraspeln bestreuen und mit Nudeln servieren.

Spätzle mit Puten-Pilz-Sauce

Fertig in: 30 Minuten
Davon aktiv: 15 Minuten

Für 2 Personen:
1 Zwiebel
200 g Champignons
3 Karotten
200 g Putenschnitzel
1 TL Pflanzenöl
1 EL Tomatenmark
200 ml Gemüsebrühe
(1 TL Instantpulver)
120 g trockene Vollkornspätzle
Salz
100 g Frischkäse,
bis 1 % Fett absolut
Pfeffer
1/2 TL Paprikapulver
1 Msp. gemahlener Kümmel
1 EL gehackte Petersilie

1. Zwiebel schälen und würfeln. Champignons trocken abreiben, Karotten schälen und beides in Scheiben schneiden. Putenschnitzel abspülen, trocken tupfen und in Streifen schneiden.

2. Öl in einer Pfanne erhitzen und Schnitzelstreifen darin ca. 2 Minuten rundherum anbraten. Zwiebelwürfel, Champignon- und Karottenscheiben zufügen und ca. 3 Minuten mitbraten. Tomatenmark einrühren, kurz anschwitzen, mit Brühe ablöschen und ca. 10 Minuten köcheln lassen.

3. Nudeln nach Packungsanweisung in Salzwasser garen. Sauce mit Frischkäse verfeinern und mit Salz, Pfeffer, Paprikapulver und Kümmel würzen. Nudeln abgießen. Sauce mit Petersilie bestreuen und mit Nudeln servieren.

pro Person
10 ProPoints Wert
1915 kJ
458 kcal

Linguine mit Kaninchen-Radicchio-Sauce

Fertig in: 25 Minuten
Davon aktiv: 15 Minuten

Für 2 Personen:
3 Karotten
1 Schalotte
100 g Radicchio
1 säuerlicher Apfel (z. B. Boskop)
240 g Kaninchenrücken (ausgelöst)
100 g trockene Linguine
Salz
1 TL Pflanzenöl
Pfeffer
1 Knoblauchzehe
200 ml Gemüsebrühe (1 TL Instantpulver)
1 TL Speisestärke
1 EL Wasser
1 EL Schmand
100 g Frischkäse, bis 1 % Fett absolut
2 EL gemischte gehackte Kräuter

pro Person 12 ProPoints Wert | 2279 kJ 545 kcal

1. Karotten und Schalotte schälen. Radicchio waschen und trocken schleudern. Schalotte und Radicchio in Streifen, Karotten in Stifte schneiden. Apfel waschen, vierteln, entkernen und würfeln. Kaninchenrücken trocken tupfen und in Stücke schneiden. Nudeln nach Packungsanweisung in Salzwasser garen.

2. Öl in einer Pfanne erhitzen, Kaninchenstücke darin ca. 1–2 Minuten rundherum anbraten, mit Salz und Pfeffer würzen und herausnehmen. Knoblauch pressen, im Bratensatz mit Apfelwürfeln, Schalotten- und Radicchiostreifen ca. 3 Minuten anbraten und mit Brühe ablöschen. Stärke mit Wasser anrühren, unter das Gemüse rühren und aufkochen.

3. Sauce mit Schmand verfeinern. Kaninchenstücke unterheben, mit Salz und Pfeffer abschmecken und erwärmen. Für den Dip Frischkäse mit Kräutern verrühren und mit Salz abschmecken. Nudeln abgießen, mit Sauce anrichten und mit Karottenstiften und Dip servieren.

Probieren Sie …

… auch einmal unsere raffinierten **Weight Watchers** Linguine al Limone.

Tagliatelle mit Lamm-Chili-Sauce

Fertig in: 30 Minuten
Davon aktiv: 20 Minuten

Für 2 Personen:
1/2 Knollensellerie (ca. 500 g)
1 Orange
125 g fettarmer Joghurt
3–4 EL Weißweinessig
Salz
Pfeffer
1 kleine rote Chilischote
2 Zwiebeln
240 g Lammfilet
2 TL Pflanzenöl
1 Knoblauchzehe
1 TL Rosinen
1 EL Tomatenmark
1 TL Kakaopulver
75 ml Wasser
350 g stückige Tomaten (Konserve)
100 g trockene Tagliatelle
1 TL Kreuzkümmel
1/2 TL gehackter Oregano

1. Sellerie schälen und raspeln. Orange auspressen. Für das Dressing Joghurt mit Orangensaft und Essig verrühren und mit Salz und Pfeffer abschmecken. Sellerieraspel mit Dressing vermischen. Chilischote waschen, entkernen und in feine Ringe schneiden. Zwiebeln schälen und würfeln. Filet trocken tupfen und in Stücke schneiden.

2. Öl in einer Pfanne erhitzen und Zwiebelwürfel darin kurz anbraten. Filetstücke dazugeben, ca. 1–2 Minuten rundherum anbraten, mit Salz und Pfeffer würzen und herausnehmen. Knoblauch pressen und im Bratensatz mit Chiliringen, Rosinen, Tomatenmark und Kakaopulver kurz anschwitzen. Mit Wasser und Tomaten ablöschen und ca. 10 Minuten einkochen lassen.

3. Nudeln nach Packungsanweisung in Salzwasser garen. Sauce mit Kreuzkümmel und Oregano würzen. Filetstücke dazugeben, erwärmen und mit Salz und Pfeffer abschmecken. Nudeln abgießen, mit Sauce anrichten und mit Salat servieren.

pro Person
11 ProPoints Wert
2397 kJ
573 kcal

Ravioli mit Hackfüllung

Fertig in: 70 Minuten
Davon aktiv: 30 Minuten

Für 4 Personen:
160 g Mehl
Salz
3 Eier
2 TL Olivenöl
100 g Tatar
1/2 TL Senf
1 EL gehackte Petersilie
Pfeffer
1 TL getrockneter Thymian
800 g stückige Tomaten (Konserve)
100 ml Gemüsebrühe (1/2 TL Instantpulver)
2 EL Tomatenmark
1 Prise Zucker

pro Person
6 ProPoints Wert
1275 kJ
305 kcal

1. Für die Ravioli Mehl und 1/2 Teelöffel Salz mischen, auf die Arbeitsfläche häufen und in die Mitte eine Vertiefung drücken. 2 Eier und Öl in die Vertiefung geben und vorsichtig von innen nach außen mit den Händen einarbeiten. Den Teig kräftig durchkneten und ca. 30 Minuten ruhen lassen.

2. Teig noch einmal kräftig durchkneten und zwischen zwei Backpapieren ca. 1 mm dick zu einem Rechteck (ca. 40 x 35 cm) ausrollen und halbieren.

3. Für die Füllung Tatar mit restlichem Ei, Senf und Petersilie verkneten und mit Salz, Pfeffer und 1/2 Teelöffel Thymian würzen. Füllung mit einem Teelöffel mit ca. 2 cm Abstand auf eine Hälfte des Teigs geben und mit der anderen Teighälfte abdecken.

4. Mit einem Teigrädchen Ravioli ausschneiden, Ränder andrücken und in Salzwasser ca. 5–8 Minuten garen. Für die Sauce Tomaten mit Brühe aufkochen und Tomatenmark einrühren. Mit Salz, Pfeffer, Zucker und restlichem Thymian würzen. Ravioli mit Tomatensauce servieren.

Tagliatelle mit Wurstklößchen

Fertig in: 40 Minuten
Davon aktiv: 20 Minuten

Für 4 Personen:
2 Salsiccia
(à 80 g, grobe ital. Bratwurst; ersatzweise 160 g Bratwurst)
1 Zwiebel
500 g Champignons
160 g trockene Tagliatelle
Salz
1 TL Olivenöl
250 ml fettarme Milch
250 ml Gemüsebrühe
(1 TL Instantpulver)
4 EL heller Saucenbinder
Pfeffer
1 EL Zitronensaft
2 EL Paniermehl
2 TL Halbfettmargarine
2 EL gehackte Petersilie

pro Person
10 ProPoints Wert | 1740 kJ 416 kcal

1. Salsiccia mit einem Messer aufschneiden, Brät herauslösen und zu 16 kleinen Bällchen formen. Zwiebel schälen und würfeln. Champignons trocken abreiben und in Scheiben schneiden. Nudeln nach Packungsanweisung in Salzwasser bissfest garen.

2. Öl in einer Pfanne erhitzen. Wurstklößchen und Zwiebelwürfel darin ca. 3–5 Minuten rundherum braten. Champignonscheiben zugeben und mit Milch und Brühe ablöschen. Saucenbinder einrühren und aufkochen. Sauce mit Pfeffer und Zitronensaft abschmecken.

3. Backofen auf 180° C (Gas: Stufe 2, Umluft: 160° C) vorheizen. Nudeln abgießen und mit der Sauce in eine Auflaufform (ca. 20 x 30 cm) füllen. Paniermehl fettfrei in einer Pfanne rösten und über den Auflauf streuen. Margarine als Tupfen daraufgeben. Im Backofen auf mittlerer Schiene ca. 10 Minuten überbacken. Mit Petersilie bestreut servieren.

Servieren Sie dazu ...

... einen Apfel-Fenchel-Salat. Verrühren Sie dafür 2 gewürfelte Äpfel und 2 Fenchelknollen in Streifen mit einem Dressing aus 6 EL hellem Balsamicoessig, 6 EL Wasser, 2 TL Senf und 1 EL italienischen Kräutern und schmecken mit Salz und Pfeffer ab. Der *ProPoints*® Wert ändert sich nicht (2049 KJ / 489 kcal).

Spaghetti Bolognese

Fertig in: 35 Minuten
Davon aktiv: 20 Minuten

Für 4 Personen:
2 Fenchelknollen
(ersatzweise 250 g Sellerie)
3 Karotten
1 Zwiebel
2 TL Pflanzenöl
320 g Tatar
Salz
Pfeffer
Paprikapulver
2 EL Tomatenmark
~~**280 g** trockene Vollkornspaghetti~~
800 g passierte Tomaten
(Konserve)
100 ml Gemüsebrühe
(1/2 TL Instantpulver)
280g. Kurze Makkaroni

1. Fenchel waschen, halbieren, den Strunk entfernen und Fenchel in dünne Streifen schneiden. Karotten und Zwiebel schälen und fein würfeln. Öl in einem Topf erhitzen und Tatar darin krümelig anbraten. Mit Salz, Pfeffer und Paprikapulver würzen.

2. Tomatenmark mit Zwiebel- und Karottenwürfeln dazugeben und ca. 2 Minuten mitbraten. Nudeln nach Packungsanweisung in Salzwasser garen. Tomaten und Brühe zur Tatar-Gemüse-Mischung gießen und ca. 10 Minuten köcheln lassen.

3. Fenchelstreifen zur Sauce geben und weitere ca. 10 Minuten garen. Nudeln abgießen. Bolognese mit Salz und Pfeffer abschmecken und mit Spaghetti servieren.

pro Person
10 ProPoints Wert
1917 kJ
459 kcal

Überbackene Tortellini

Reichlich

Fertig in: 45 Minuten
Davon aktiv: 30 Minuten

3 Portionen

Für 2 Personen:

- **1** Zwiebel
- **1** Aubergine
- **1** rote Paprika
- **2 kleine** Zucchini
- **1 TL** Olivenöl
- **1** Knoblauchzehe
- **100 g** Tatar
- Salz
- Cayennepfeffer
- **90 g** trockene Tortellini / Farfalle
- **1 EL** Tomatenmark
- **50 ml** trockener Rotwein
- **300 g** stückige Tomaten (Konserve)
- **einige Tropfen** flüssiger Süßstoff
- **1/2 TL** getrocknetes Basilikum
- **50 g** geriebener Käse, 30 % Fett i. Tr.

1. Zwiebel schälen. Aubergine, Paprika und Zucchini waschen, Paprika entkernen und alles in feine Würfel schneiden. Öl in einer Pfanne erhitzen und Knoblauch dazupressen. Tatar und Gemüsewürfel dazugeben, ca. 8 Minuten anbraten und mit Salz und Cayennepfeffer kräftig würzen. Tortellini nach Packungsanweisung in Salzwasser garen und abgießen.

2. Backofen auf 180° C (Gas: Stufe 2, Umluft: 160° C) vorheizen. Tomatenmark zur Gemüse-Tatar-Mischung geben, kurz mitbraten und mit Rotwein und Tomaten ablöschen. Sauce aufkochen lassen, mit Süßstoff und Basilikum würzen.

3. Tortellini unterheben und in eine Auflaufform (ca. 30 x 20 cm) füllen. Mit Käse bestreuen und im Backofen auf mittlerer Schiene ca. 15 Minuten überbacken und servieren.

pro Person 9 ProPoints Wert | 2047 kJ 490 kcal

Sie können den Rotwein...

... auch durch die gleiche Menge Tomatensaft und 2 Esslöffel Balsamicoessig ersetzen. Der *ProPoints®* Wert pro Person ändert sich nicht (2010 kJ / 481 kcal).

Fehlt die Zeit zum Kochen, ...

... dann probieren Sie die würzigen **Weight Watchers** Tortellini.

Sizilianische Pute mit Spaghetti

Fertig in: 25 Minuten
Davon aktiv: 20 Minuten

Für 2 Personen:
80 g trockene Spaghetti
Salz
400 g Cocktailtomaten
2 gelbe Zucchini (ersatzweise grüne)
1 rote Chilischote
1/2 Bund Basilikum
1 Knoblauchzehe
2 TL Pflanzenöl
1 TL gehackte Mandeln
50 g Sardellen
1 EL geriebener Parmesan
Pfeffer
360 g Putenbrustfilet

pro Person 11 ProPoints Wert
2162 kJ
517 kcal

1. Nudeln nach Packungsanweisung in Salzwasser garen. Tomaten, Zucchini und Chilischote waschen. Zucchini in Würfel schneiden.

2. Für die sizilianische Mischung Chilischote entkernen und fein hacken. Basilikum waschen und trocken schütteln. Knoblauch pressen und mit Chili, 1 Teelöffel Öl, Mandeln, Sardellen, 200 g Tomaten, Basilikum und Parmesan in einem Mixer pürieren. Mit Salz und Pfeffer würzen.

3. Putenbrustfilet abspülen, trocken tupfen, mit Salz und Pfeffer würzen und in Streifen schneiden. Restliches Öl in einer Pfanne erhitzen und Filetstreifen darin ca. 2–3 Minuten rundherum braten. Sizilianische Mischung dazugeben und kurz mitbraten. Restliche Tomaten und Zucchiniwürfel dazugeben und alles ca. 4–6 Minuten köcheln lassen.

4. Nudeln abgießen, unterheben und mit Salz und Pfeffer abschmecken. Sizilianische Pute mit Spaghetti servieren.

Pasta Parma mit Honigmelone

Fertig in: 20 Minuten
Davon aktiv: 20 Minuten

Für 4 Personen:
200 g trockene Spaghetti
Salz
1 kleine Honigmelone (ca. 800 g)
4 Scheiben Parmaschinken
200 g Rucola
1 TL Pflanzenöl
60 g geriebener Parmesan
Pfeffer

1. Nudeln nach Packungsanweisung in Salzwasser garen. Melone halbieren und Kerne mit einem Löffel entfernen. Mit einem Melonenkugelausstecher Kugeln ausstechen. Parmaschinken in Streifen schneiden.

2. Rucola waschen, trocken schleudern und grob hacken. Öl in einer Pfanne erhitzen und Melonenkugeln darin ca. 1–2 Minuten andünsten. Nudeln abgießen, dabei 150 ml Kochwasser auffangen. Nudeln mit Schinkenstreifen unter die Melonenkugeln heben. Parmesan mit Kochwasser verrühren, mit Nudeln vermischen und kurz erwärmen. Mit Salz und Pfeffer würzen, Rucola unterheben und sofort servieren.

pro Person 8 ProPoints Wert | 1486 kJ 356 kcal

Farfalle mit Lammfilet

Fertig in: 35 Minuten
Davon aktiv: 25 Minuten

Für 4 Personen:
160 g trockene Farfalle
Salz
400 g Lammfilet
1 TL Olivenöl
Pfeffer
200 g Himbeeren (TK)
2–3 EL heller Balsamicoessig
200 ml Gemüsebrühe (1 TL Instantpulver)
120 g Frischkäse, bis 1 % Fett absolut
1 Prise Zucker

1. Nudeln nach Packungsanweisung in Salzwasser garen. Lammfilet trocken tupfen. Öl in einer Pfanne erhitzen, Lammfilet darin ca. 5–10 Minuten braten, mit Salz und Pfeffer würzen und in Alufolie gewickelt ca. 5 Minuten ruhen lassen.

2. Himbeeren im Bratensatz erhitzen, mit Essig und Brühe ablöschen, Frischkäse dazugeben und schmelzen lassen. Sauce mit Salz, Pfeffer und Zucker würzen.

3. Nudeln abgießen, Lammfilet in Scheiben schneiden, auf Farfalle anrichten und mit Himbeersauce beträufelt servieren.

pro Person 8 ProPoints Wert | 1366 kJ 327 kcal

Dazu schmeckt…

…je nach Saison eine Gemüsebeilage aus frischem Spargel oder Romanesco.

Rinderfilet auf Pilzspaghetti

Fertig in: 20 Minuten
Davon aktiv: 20 Minuten

Für 4 Personen:
160 g trockene Spaghetti
Salz
1 Zwiebel
300 g braune Champignons
3 TL Pflanzenöl
250 ml Rinderfond
100 ml trockener Weißwein
2 EL heller Saucenbinder
Pfeffer
375 g Rinderfilet
75 g Rucola
2 EL gehacktes Basilikum
2 EL gehackte Petersilie

pro Person
9 ProPoints Wert
1734 kJ
415 kcal

1. Nudeln nach Packungsanweisung in Salzwasser garen. Zwiebel schälen und würfeln. Champignons trocken abreiben und in Scheiben schneiden. 1 Teelöffel Öl in einer Pfanne erhitzen und Zwiebelwürfel darin glasig andünsten. Champignonscheiben dazugeben und kurz mitbraten. Mit Fond und Weißwein ablöschen, Saucenbinder einrühren und aufkochen. Nudeln abgießen, unterheben und mit Salz und Pfeffer abschmecken.

2. Rinderfilet trocken tupfen und in Streifen schneiden. Rucola waschen und trocken schleudern. Restliches Öl in einer Pfanne erhitzen, Filetstreifen darin ca. 2–5 Minuten rundherum braten und mit Salz und Pfeffer würzen. Fleisch auf Pilzspaghetti anrichten und mit Kräutern und Rucola bestreut servieren

lecker

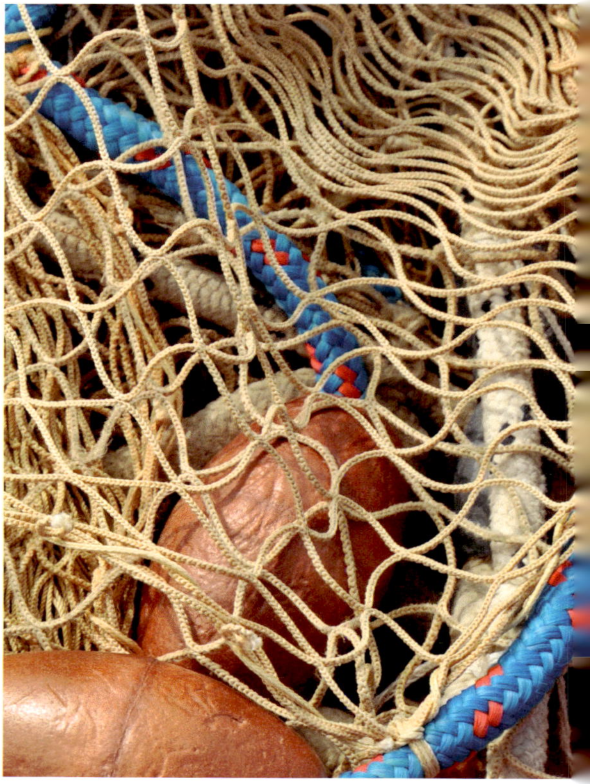

Alles aus dem Meer

Zart gedünstetes Fischfilet oder frisch zubereitete Meeresfrüchte sorgen für ein kompromissloses Geschmackserlebnis. In Vereinigung mit aromatischem Knoblauch und fruchtiger Zitrone entführt der Duft dieser Nudelgerichte Sie an die Küsten von Bella Italia.

Zucchini-Tunfisch-Lasagne

Fertig in: 45 Minuten
Davon aktiv: 20 Minuten

Für 4 Personen:
1 EL Halbfettmargarine
2 EL Mehl
500 ml fettarme Milch
Salz
Pfeffer
1 Prise geriebene Muskatnuss
3 Zucchini
2 Zwiebeln
1 TL Pflanzenöl
3 Knoblauchzehen
100 ml trockener Rotwein
800 g stückige Tomaten (Konserve)
2 Dosen Tunfisch im eigenen Saft (300 g Abtropfgewicht)
1 TL Paprikapulver
1 Prise Chilipulver
8 trockene Lasagneplatten
60 g geriebener Käse, 30 % Fett i.Tr.
1 EL Pinienkerne

pro Person
11 ProPoints Wert
2046 kJ
499 kcal

1. Für die Béchamelsauce Margarine in einem Topf schmelzen, Mehl dazugeben und anschwitzen. Milch unter ständigem Rühren zugießen und aufkochen. Sauce mit Salz, Pfeffer und Muskatnuss kräftig würzen.

2. Für die Lasagne Zucchini waschen und Zwiebeln schälen. Zucchini in Scheiben und Zwiebeln in Würfel schneiden. Öl in einer Pfanne erhitzen, Knoblauch dazupressen, mit Zucchinischeiben darin ca. 5 Minuten anbraten. Mit Salz und Pfeffer würzen und aus der Pfanne nehmen. Zwiebelwürfel im Bratensatz ca. 3 Minuten andünsten, mit Rotwein ablöschen und Tomaten dazugeben. Tunfisch abtropfen lassen, unter die Sauce mischen und mit Salz, Pfeffer, Paprika- und Chilipulver würzen.

3. Backofen auf 200° C (Gas: Stufe 3, Umluft: 180° C) vorheizen. Lasagneplatten, Tomaten-, Bechamelsauce und Zucchinischeiben abwechselnd in eine Auflaufform (ca. 24 x 28 cm) schichten, dabei mit Tomatensauce abschließen. Lasagne mit Käse bestreuen und im Backofen auf mittlerer Schiene ca. 25 Minuten backen. Lasagne mit Pinienkernen bestreut und nach Wunsch mit Basilikum garniert servieren.

Orecchiette mit Muschel-Spinat-Sauce

Fertig in: 25 Minuten
Davon aktiv: 15 Minuten

Für 2 Personen:
1 kleine Zwiebel
2 Karotten
2 Stangen Staudensellerie
200 g Blattspinat (ersatzweise TK)
1 TL Pflanzenöl
200 ml Fischfond (ersatzweise Gemüsebrühe)
1 Lorbeerblatt
120 g trockene Orecchiette (Öhrchennudeln)
Salz
100 g ausgelöste Miesmuscheln (Glas)
1 TL heller Saucenbinder
3 EL Cremefine zum Kochen, 15 % Fett
Pfeffer
1 Prise geriebene Muskatnuss
einige Tropfen Zitronensaft
1 TL gehackte Petersilie

pro Person
8 ProPoints Wert
1561 kJ
373 kcal

1. Zwiebel und Karotten schälen und würfeln. Sellerie und Spinat waschen und Spinat trocken schleudern. TK-Spinat gegebenenfalls auftauen lassen. Sellerie in Scheiben schneiden.

2. Öl in einer Pfanne erhitzen und Selleriescheiben, Zwiebel- und Karottenwürfel darin ca. 2 Minuten anbraten. Mit Fischfond ablöschen, Lorbeerblatt zugeben und ca. 8 Minuten köcheln lassen. Nudeln nach Packungsanweisung in Salzwasser garen.

3. Muscheln abtropfen lassen. Lorbeerblatt aus der Sauce entfernen, Saucenbinder einrühren, Muscheln und Spinat unterheben und ca. 3 Minuten erhitzen. Mit Cremefine verfeinern und mit Salz, Pfeffer, Muskatnuss und Zitronensaft würzen. Nudeln abgießen, Muschel-Spinat-Sauce mit Petersilie bestreuen und dazu servieren.

Schwarze Pasta mit Frutti di Mare

Fertig in: 35 Minuten
Davon aktiv: 15 Minuten

Für 4 Personen:
300 g Meeresfrüchte (TK)
1 Knoblauchzehe
1/2 Zitrone
220 g trockene schwarze Tagliatelle (ersatzweise weiße)
Salz
1 TL Pflanzenöl
180 ml Cremefine zum Kochen, 15 % Fett
200 ml Gemüsebrühe (1 TL Instantpulver)
1 EL heller Saucenbinder
Pfeffer

pro Person
10 ProPoints Wert
1040 kJ
249 kcal

1. Meeresfrüchte auftauen lassen, abspülen und trocken tupfen. Knoblauch pressen. Zitronenhälfte auspressen.

2. Nudeln nach Packungsanweisung in Salzwasser garen. Öl in einer Pfanne erhitzen und Meeresfrüchte mit Knoblauch darin ca. 3 Minuten anbraten. Mit Cremefine und Brühe ablöschen. Saucenbinder einrühren und aufkochen. Mit Salz, Pfeffer und 1–2 Teelöffeln Zitronensaft abschmecken. Nudeln abgießen, zur Sauce geben und servieren.

Servieren Sie zu den Nudeln …

… einen leckeren Salat. Dazu 6 Paprika in Würfeln mit 2 Frühlingszwiebeln in Ringen mischen. Für das Dressing 2 TL Zitronensaft mit 3 EL Crème légère, 2 TL Tomatenmark, 1 TL hellem Balsamicoessig und 50 ml Gemüsebrühe (2 Prisen Instantpulver) mischen, mit Salz, Pfeffer und 1 TL Paprikapulver würzen. Der *ProPoints*® Wert pro Person ändert sich nicht (1479 kJ / 354 kcal).

Tagliatelle mit Spargel und Garnelen

Fertig in: 40 Minuten
Davon aktiv: 30 Minuten

Für 2 Personen:
500 g grüner Spargel
1 kleine rote Chilischote
1/2 unbehandelte Zitrone
100 g küchenfertige Garnelen
120 g trockene Tagliatelle
Salz
Pfeffer
1 TL Pflanzenöl
250 ml Gemüsebrühe
(1 TL Instantpulver)
1 TL Speisestärke
1 EL Wasser
3 EL Frischkäse,
bis 1 % Fett absolut
2 EL geriebener Parmesan
1 EL gehacktes Basilikum

pro Person
9 ProPoints Wert | 1716 kJ
410 kcal

1. Spargel waschen, das untere Drittel schälen und Spargel in Stücke schneiden. Chilischote waschen, entkernen und in Ringe schneiden. Zitronenschale abreiben und Zitronenhälfte auspressen. Garnelen abspülen und trocken tupfen.

2. Nudeln nach Packungsanweisung in Salzwasser garen. Garnelen mit Salz, Pfeffer und 1/4 Teelöffel Zitronensaft würzen. Öl in einer Pfanne erhitzen und Garnelen darin ca. 2 Minuten anbraten. Spargelstücke zufügen und kurz mitbraten. Mit Chilischotenringen, 1/2 Teelöffel Zitronenschale, Salz und Pfeffer würzen. Mit Brühe ablöschen und zugedeckt ca. 7 Minuten garen.

3. Stärke mit Wasser anrühren und zur Sauce geben. Mit Frischkäse und Parmesan verfeinern und kurz aufkochen. Nudeln abgießen, unter die Sauce heben und mit Basilikum bestreut servieren.

Lachs in feiner Zitronensauce

Fertig in: 30 Minuten
Davon aktiv: 20 Minuten

Für 2 Personen:
50 g trockene Penne
Salz
1 kleine Zwiebel
1/2 Salatgurke
1/2 unbehandelte Zitrone
100 g Lachsfilet (frisch oder TK)
1 TL Pflanzenöl
Pfeffer
1 TL Crème légère
2 TL gehackte Petersilie

pro Person
12 ProPoints Wert
2018 kJ
485 kcal

1. Nudeln nach Packungsanweisung in Salzwasser garen. Zwiebel und Gurke schälen. Zwiebel in Ringe schneiden. Gurke längs halbieren, Kerne mit einem Löffel entfernen und Gurke in Würfel schneiden. 1 Messerspitze Zitronenschale abreiben und Zitronenhälfte auspressen. Lachsfilet gegebenenfalls auftauen lassen, abspülen, trocken tupfen und in Würfel schneiden. Nudeln abgießen.

2. Öl in einer Pfanne erhitzen, Lachswürfel darin ca. 2–3 Minuten rundherum anbraten, mit Salz und Pfeffer würzen und herausnehmen. Zwiebelringe im Bratensatz kurz anbraten, Gurkenwürfel dazugeben und ca. 3–4 Minuten dünsten.

3. Gemüse mit Crème légère, Zitronenschale und 1–2 Esslöffeln Zitronensaft verfeinern. Nudeln und Lachswürfel unterheben und kurz erwärmen. Lachs in feiner Zitronensauce mit Salz und Pfeffer abschmecken und mit Petersilie bestreuen. Nach Wunsch mit Dill garniert servieren.

Puttanesca mit Zucchini

Fertig in: 30 Minuten
Davon aktiv: 15 Minuten

Für 2 Personen:
2 kleine Zucchini
1 grüne Chilischote
1 Zwiebel
4 schwarze Oliven ohne Stein
10 Sardellenfilets in Salzlake (50 g)
1 TL Olivenöl
1 Knoblauchzehe
300 g stückige Tomaten (Konserve)
1 TL Kapern
120 g trockene Spirelli
Salz
1/2 TL gehackter Thymian
Pfeffer

pro Person
8 ProPoints Wert
1617 kJ
387 kcal

1. Zucchini und Chilischote waschen. Chilischote entkernen und in Ringe schneiden. Zwiebel schälen und mit Zucchini würfeln. Oliven in Ringe schneiden. Sardellenfilets abspülen, trocken tupfen und grob hacken.

2. Öl in einer Pfanne erhitzen, Knoblauch dazupressen und Chiliringe, Zwiebel- und Zucchiniwürfel darin ca. 2–3 Minuten anbraten. Gemüse mit Tomaten ablöschen, Olivenringe, Sardellenstücke und Kapern zufügen und zugedeckt ca. 10 Minuten köcheln lassen.

3. Nudeln nach Packungsanweisung in Salzwasser garen. Sauce mit Thymian verfeinern und mit Salz und Pfeffer abschmecken. Nudeln abgießen und mit Sauce servieren.

Spaghetti mit Garnelen und Rucola

Fertig in: 35 Minuten
Davon aktiv: 30 Minuten

Sehr lecker

Für 4 Personen
1 Zwiebel
200 g küchenfertige Garnelen
1,5 kg Tomaten
150 g Rucola
280 g trockene Spaghetti
Salz
2 TL Olivenöl
2 Knoblauchzehen
Pfeffer
3 EL geriebener Parmesan

pro Person
9 ProPoints Wert
1716 kJ
410 kcal

1. Zwiebel schälen und würfeln. Garnelen abspülen und trocken tupfen. Tomaten waschen und in Spalten schneiden. Rucola waschen, trocken schleudern und grob hacken. Spaghetti nach Packungsanweisung in Salzwasser garen.

2. Öl in einer Pfanne erhitzen, Knoblauch dazupressen und Zwiebelwürfel und Garnelen darin ca. 2 Minuten braten. Tomatenspalten zugeben und mit Salz und Pfeffer würzen. Parmesan unter die Sauce rühren und ca. 5 Minuten köcheln lassen. Nudeln gut abtropfen lassen, mit Rucola unter die Sauce heben und servieren.

Mit frischem Spinat ...
... schmecken die Linguine besonders lecker.

Linguine mit Lachsspinat

Fertig in: 30 Minuten
Davon aktiv: 20 Minuten

Für 2 Personen:
400 g Blattspinat (TK)
1 Zwiebel
1 Knoblauchzehe
1/2 Zitrone
125 g Lachsfilet 250g.
Salz, Pfeffer
100 g trockene Linguine
2 TL Pflanzenöl
100 ml Gemüsebrühe (1/2 TL Instantpulver)
1 EL fettarme Milch
2 Prisen geriebene Muskatnuss
1 TL Mehl
1 EL Wasser
30 g geriebener Parmesan

1. Spinat auftauen lassen und ausdrücken. Zwiebel schälen und in Würfel schneiden. Knoblauch pressen. Zitronenhälfte auspressen. Lachsfilet abspülen, trocken tupfen und mit Salz, Pfeffer und 1/4 Teelöffel Zitronensaft würzen. Lachsfilet in Würfel schneiden. Nudeln nach Packungsanweisung in Salzwasser garen.

2. Öl in einem Topf erhitzen und Zwiebelwürfel mit Knoblauch darin ca. 2 Minuten andünsten. Blattspinat hinzufügen, mit Brühe und Milch ablöschen und ca. 5 Minuten zugedeckt garen. Mit Salz, Pfeffer und Muskatnuss würzen. Mehl mit Wasser anrühren, zur Sauce geben und ca. 3 Minuten köcheln lassen. Lachswürfel zur Sauce geben und weitere ca. 5 Minuten zugedeckt gar ziehen lassen. Nudeln abgießen, mit Lachs-Spinat-Sauce vermengen und mit Parmesan bestreut servieren.

pro Person
11 ProPoints Wert
1993 kJ
477 kcal

Zitronenpenne mit Krabben

Fertig in: 25 Minuten
Davon aktiv: 20 Minuten

Für 2 Personen:
100 g Feldsalat
150 ml Buttermilch
2 EL Apfelessig
1 TL Himbeerkonfitüre
2 TL Olivenöl
Salz, Pfeffer
1 Bund Frühlingszwiebeln
1/2 unbehandelte Zitrone
100 g küchenfertige Krabben
120 g trockene Penne
125 ml Gemüsebrühe (1/2 TL Instantpulver)
125 ml Cremefine zum Kochen, 7 % Fett
1/2 TL gehackter Dill
1/2 TL gehackte Zitronenmelisse

1. Salat waschen und trocken schleudern. Für das Dressing Buttermilch mit Essig, Konfitüre und 1 Teelöffel Öl verrühren und mit Salz und Pfeffer abschmecken. Frühlingszwiebeln waschen und in Ringe schneiden. 1 Prise Zitronenschale abreiben und Zitronenhälfte auspressen. Krabben abspülen und trocken tupfen. Nudeln nach Packungsanweisung in Salzwasser garen.

2. Restliches Öl in einer Pfanne erhitzen und Frühlingszwiebelringe darin ca. 2 Minuten anbraten. Mit Brühe ablöschen, Zitronenschale, 1–2 Esslöffel Zitronensaft, Cremefine und Krabben zufügen und erhitzen. Kräuter unterrühren und mit Salz und Pfeffer würzen. Salat mit Dressing beträufeln. Nudeln abgießen, mit der Sauce anrichten und mit Salat servieren.

pro Person
10 ProPoints Wert
1809 kJ
433 kcal

Makkaroni mit Tunfischsauce

Fertig in: 15 Minuten
Davon aktiv: 10 Minuten

Für 2 Personen:
120 g trockene Makkaroni
Salz
1 kleine Zwiebel
1 TL Olivenöl
1 EL Tomatenmark
500 g passierte Tomaten (Konserve)
1 Dose Tunfisch im eigenen Saft (150 g Abtropfgewicht)
150 g Erbsen (TK)
Pfeffer
1 Prise Zucker
1/2 TL Currypulver
1/2 TL Paprikapulver
1/2 TL gemischte gehackte Kräuter

pro Person 10 ProPoints Wert® | 1834 kJ 439 kcal

1. Nudeln nach Packungsanweisung in Salzwasser garen. Zwiebel schälen und in Würfel schneiden. Öl in einer Pfanne erhitzen und Zwiebelwürfel darin glasig dünsten. Tomatenmark einrühren, kurz anschwitzen, mit Tomaten ablöschen und aufkochen.

2. Tunfisch abtropfen lassen, mit Erbsen zur Sauce geben und ca. 5 Minuten köcheln lassen. Mit Salz, Pfeffer, Zucker, Curry- und Paprikapulver würzen. Nudeln abgießen. Sauce mit Kräutern bestreuen und mit Nudeln servieren.

Vegetarisches mit Pfiff

Kräuter, Nüsse und Pilze sorgen für die besondere Vielfalt der vegetarischen Küche. In Vereinigung mit herzhaften Käsevarianten werden aufregend schmackhafte Pastagerichte kreiert.

Viererlei Pesto

Pesto Genovese

Fertig in: 5 Minuten
Davon aktiv: 5 Minuten

Für 2 Personen:
1 Knoblauchzehe pressen. Mit je 1/2 Bund grob gehacktem Basilikum und Petersilie, 1 EL Pinienkernen, 4 EL geriebenem Parmesan, 2 TL Olivenöl und 50 ml Gemüsebrühe (2 Prisen Instantpulver) pürieren, salzen und pfeffern. 120 g trockene Nudeln garen, unterheben und servieren.

pro Person 10 ProPoints Wert | 1560 kJ 373 kcal

Orientalisches Pesto

Fertig in: 15 Minuten
Davon aktiv: 5 Minuten

Für 2 Personen:
3 getrocknete Tomaten ohne Öl und 1 TL Rosinen ca. 10 Minuten in 100 ml heißer Gemüsebrühe (1/2 TL Instantpulver) einweichen und samt Sud mit 1 EL fettfrei geröstetem Sesam, 1 TL Limettensaft und 2 TL Sesamöl (ersatzweise Pflanzenöl) pürieren, mit Salz, Pfeffer, 1 Msp. Kreuzkümmel, 1 TL Paprika-, 1/2 TL Chilipulver, je 1 Prise Zimtpulver und geriebener Muskatnuss würzen. 120 g trockene Nudeln garen, unterheben und servieren.

pro Person 8 ProPoints Wert | 1368 kJ 327 kcal

Tomaten-Chili-Pesto

Fertig in: 15 Minuten
Davon aktiv: 5 Minuten

Für 2 Personen:
3 getrocknete Tomaten ohne Öl ca. 10 Minuten in 125 ml heißer Gemüsebrühe (1/2 TL Instantpulver) einweichen und samt Sud mit 1 grob gehackten roten Chilischote, 2 gehackten schwarzen Oliven, 1 TL gehacktem Thymian, 3 EL geriebenem Pecorino (ersatzweise Parmesan) und 2 TL Olivenöl pürieren. Mit Salz, Pfeffer und 1/2 TL Paprikapulver würzen. 120 g trockene Nudeln garen, unterheben und servieren.

pro Person 9 ProPoints Wert | 1454 kJ 348 kcal

Bärlauch-Walnuss-Pesto

Fertig in: 5 Minuten
Davon aktiv: 5 Minuten

Für 2 Personen:
1 Bund Bärlauch (ca. 50 g) mit 2 EL gehackten Walnüssen, 2 EL geriebenem Parmesan, 2 EL Gemüsebrühe (1 Prise Instantpulver) und 2 EL Schmand pürieren, salzen und pfeffern. 120 g trockene Nudeln garen, unterheben und servieren.

pro Person 10 ProPoints Wert | 1474 kJ 353 kcal

Knoblauch-Salbei-Linguine

Fertig in: 25 Minuten
Davon aktiv: 25 Minuten

Für 2 Personen:
4 Karotten
1 säuerlicher Apfel (z. B. Braeburn)
1/2 unbehandelte Zitrone
2 EL Apfelsaft
1 TL Weißweinessig
1 TL Honig
75 ml Gemüsebrühe
(1/2 TL Instantpulver)
Salz
Pfeffer
120 g trockene Linguine
2 Stängel Salbei
1 Knoblauchzehe
2 TL Olivenöl
4 EL Schmand

pro Person
9 ProPoints Wert
1910 kJ
457 kcal

1. Karotten schälen. Apfel waschen, vierteln, entkernen und mit Karotten fein raspeln. 2 Messerspitzen Zitronenschale abreiben und Zitronenhälfte auspressen. 1 Esslöffel Zitronensaft, Apfelsaft, Essig und Honig mit Brühe verrühren und mit Apfel- und Karottenraspeln vermischen. Salat mit Salz und Pfeffer abschmecken

2. Nudeln nach Packungsanweisung in Salzwasser garen. Salbei waschen, trocken schütteln, Blätter abzupfen und in Streifen schneiden. Knoblauch in Scheiben schneiden.

3. Öl in einer Pfanne erhitzen und Knoblauchscheiben mit Salbeistreifen und Zitronenschale darin kurz anschwitzen. Schmand und 150 ml Nudelwasser unterrühren, mit Salz und Pfeffer abschmecken. Nudeln abgießen, unter die Sauce heben und mit Karotten-Apfel-Rohkost servieren.

Penne mit Tomaten-Mozzarella-Sauce

Schnell, einfach + lecker

Fertig in: 25 Minuten
Davon aktiv: 15 Minuten

Für 2 Personen:
1 Zwiebel
1 Aubergine
1 TL Olivenöl
1 Knoblauchzehe
120 g trockene Penne
Salz
400 g stückige Tomaten (Konserve)
100 ml Wasser
1/2 TL gehackter Oregano
Pfeffer
1 Prise Zucker
2 Stängel Basilikum
80 g Mozzarella light
1 EL ~~rotes~~ grünes Pesto

pro Person 9 ProPoints Wert | 1693 kJ, 405 kcal

1. Zwiebel schälen. Aubergine waschen und mit Zwiebel in Würfel schneiden. Öl in einer Pfanne erhitzen, Knoblauch dazupressen und Zwiebel- und Auberginenwürfel darin ca. 3–4 Minuten anbraten. Nudeln nach Packungsanweisung in Salzwasser garen.

2. Gemüse mit Tomaten und Wasser ablöschen, Oregano zugeben, mit Salz, Pfeffer und Zucker würzen und zugedeckt ca. 8–10 Minuten köcheln lassen. Basilikum waschen, trocken schütteln und Blätter abzupfen. Mozzarella abtropfen lassen und fein würfeln. Sauce mit Pesto verfeinern und mit Salz und Pfeffer abschmecken. Nudeln abgießen, mit Mozzarellawürfeln unter die Sauce heben und mit Basilikumblättern garniert servieren.

Spinatcannelloni

Fertig in: 65 Minuten
Davon aktiv: 20 Minuten

Für 4 Personen:
750 g Blattspinat (TK)
4 getrocknete Tomaten ohne Öl
100 g Frischkäse, bis 1 % Fett absolut
3 EL Ziegenfrischkäse
1 Ei
1 Zwiebel
1 TL Pflanzenöl
1 Knoblauchzehe
1 EL Tomatenmark
500 g passierte Tomaten (Konserve)
100 ml Tomatensaft
Salz
Pfeffer
12 trockene Cannelloni
1 Kugel Mozzarella light

1. 400 g Spinat auftauen lassen, gut ausdrücken und klein hacken. Tomaten würfeln, mit Frischkäse, Ziegenfrischkäse, Ei und Spinat vermengen.

2. Für die Sauce Zwiebel schälen und würfeln. Öl in einer Pfanne erhitzen, Knoblauch dazupressen und mit Zwiebelwürfeln darin ca. 2 Minuten andünsten. Tomatenmark einrühren und kurz anschwitzen. Restlichen Spinat zufügen und ca. 5 Minuten erwärmen. Mit Tomaten und Tomatensaft ablöschen. Sauce mit Salz und Pfeffer abschmecken.

3. Backofen auf 180° C (Gas: Stufe 2, Umluft: 160° C) vorheizen. Cannelloni mit Spinat-Käse-Masse füllen und in eine Auflaufform (ca. 24 x 28 cm) legen. Mit Sauce übergießen. Mozzarella abtropfen lassen und würfeln. Spinatcannelloni mit Mozzarellawürfeln bestreuen, im Backofen auf mittlerer Schiene ca. 40–45 Minuten backen und servieren.

pro Person
6 ProPoints Wert
1312 kJ
314 kcal

Spaghetti mit Tomatensugo

Fertig in: 30 Minuten
Davon aktiv: 25 Minuten

Für 4 Personen:
240 g trockene Spaghetti
Salz
1,2 kg Tomaten
2 TL Olivenöl
1 Knoblauchzehe
2 EL helle Balsamicocreme (ersatzweise heller Balsamicoessig)
Pfeffer
1 TL Honig
3 Zweige Oregano
3 EL geriebener Parmesan

1. Nudeln nach Packungsanweisung in Salzwasser garen. Tomaten kreuzweise einschneiden, mit kochendem Wasser überbrühen, häuten, entkernen und in Spalten schneiden. Öl in einer Pfanne erhitzen, Knoblauch dazupressen und Tomatenspalten darin ca. 5 Minuten dünsten. Mit Balsamicocreme verfeinern und mit Salz, Pfeffer und Honig würzen.

2. Nudeln abgießen, auf Teller verteilen und Tomatenspalten samt Sud daraufgeben. Oregano waschen, trocken schütteln und Blätter abzupfen. Nudeln mit Parmesan und Oregano bestreuen und servieren.

pro Person 7 ProPoints Wert®
2300 kJ
550 kcal

Spargel-Ricotta-Nudeln mit Bärlauch →

Fertig in: 30 Minuten
Davon aktiv: 30 Minuten

Für 2 Personen:
500 g grüner Spargel
Salz
120 g trockene Vollkornspirelli
1/2 Bund Bärlauch
1/2 unbehandelte Zitrone
100 g Ricotta
2 EL geriebener Pecorino (ersatzweise Parmesan)
1 TL Mehl
1 EL Wasser
Pfeffer

1. Spargel waschen, das untere Drittel schälen und Spargel in Stücke schneiden. Spargelstücke in Salzwasser ca. 8–10 Minuten und Nudeln nach Packungsanweisung in Salzwasser garen.

2. Bärlauch waschen und trocken schütteln. 1 Prise Zitronenschale abreiben und Zitronenhälfte auspressen. Spargel abgießen und dabei den Sud auffangen. Bärlauch mit Ricotta, Pecorino und 100 ml Spargelsud pürieren und in einem Topf erhitzen. Mehl mit Wasser anrühren, mit Spargelstücken zur Sauce geben und aufkochen. Sauce mit Zitronenschale und 1–2 Teelöffeln Zitronensaft verfeinern und mit Salz und Pfeffer abschmecken. Nudeln abgießen, unter die Sauce heben und servieren.

pro Person 10 ProPoints Wert®
1591 kJ
381 kcal

Mandel-Safran-Tagliatelle

Fertig in: 20 Minuten
Davon aktiv: 20 Minuten

Für 2 Personen:
1 Salatgurke
1 rote Paprika
1 Zitrone
1 EL Dijonsenf
1 TL Honig
2 EL gehackte italienische Kräuter
250 ml Gemüsebrühe (1 TL Instantpulver)
Salz
Pfeffer
120 g trockene Tagliatelle
2 EL gemahlene Mandeln
100 ml Cremefine zum Kochen, 7 % Fett
1 TL Speisestärke
1 EL Wasser
2–3 Msp. gemahlener Safran
1 EL gehackter Kerbel

pro Person
9 ProPoints Wert
1846 kJ
442 kcal

1. Gurke und Paprika waschen, Paprika entkernen und mit Gurke in Würfel schneiden. Zitrone auspressen. Für das Dressing Senf mit Honig, 2–3 Esslöffeln Zitronensaft, Kräutern und 75 ml Brühe verrühren und mit Salz und Pfeffer abschmecken. Paprika- und Gurkenwürfel mit Dressing vermischen. Nudeln nach Packungsanweisung in Salzwasser garen.

2. Mandeln fettfrei in einer Pfanne rösten und mit Cremefine und restlicher Brühe ablöschen. Stärke mit Wasser anrühren, mit Safran in die Sauce rühren und aufkochen. Sauce mit Kerbel verfeinern und mit Salz, Pfeffer und einigen Tropfen Zitronensaft würzen. Nudeln abgießen, mit Sauce vermischen, nach Wunsch mit Safranfäden bestreuen und mit Gurken-Paprika-Salat servieren.

Spirelli mit Gorgonzolasauce

Fertig in: 25 Minuten
Davon aktiv: 15 Minuten

Für 2 Personen:
200 g Salatmischung (Kühltheke)
100 g Cocktailtomaten
60 g Gorgonzola, 55 % Fett i. Tr.
1/2 TL rosa Pfefferbeeren
120 g trockene Spirelli
Salz
250 ml entrahmte Milch
Pfeffer
1 Becher Weight Watchers Frisches Balsamico Dressing, nach mediterraner Art (150 ml)
1 TL Schnittlauchringe

1. Salat und Tomaten waschen. Salat trocken schleudern, Tomaten halbieren und beides vermischen. Käse mit einer Gabel zerdrücken. Rosa Pfefferbeeren zerstoßen.

2. Nudeln nach Packungsanweisung in Salzwasser garen. Milch erwärmen, Käse darin schmelzen und ca. 10 Minuten sämig einkochen lassen. Sauce mit Salz und Pfeffer abschmecken. Salat mit Dressing beträufeln. Nudeln abgießen, mit Sauce anrichten, mit rosa Pfeffer und Schnittlauch bestreuen und mit Salat servieren.

pro Person
11 ProPoints Wert
1812 kJ
434 kcal

Für ein selbst gemachtes Dressing ...

... vermischen Sie 3–4 EL hellen Balsamicoessig, 2 EL Ananassaft, 3 EL Wasser, 1 TL Senf, 1 TL Aprikosenkonfitüre, 2 TL gehackte italienische Kräuter und 2 TL Olivenöl und schmecken Sie es mit Salz und Pfeffer ab. Dazu passt 1/2 Lollo rosso. Der *ProPoints*® Wert pro Person ändert sich nicht (1919 kJ / 459 kcal).

Spaghetti mit Mangoldsauce

Fertig in: 30 Minuten
Davon aktiv: 20 Minuten

Für 2 Personen:
1 Mangold (ca. 500 g)
1 Zwiebel
1 Knoblauchzehe
250 ml Gemüsebrühe (1 TL Instantpulver)
1 TL Mehl
120 g trockene Spaghetti
Salz
4 EL Schmand
2 TL Zitronensaft
1 EL gehackte italienische Kräuter
bunter Pfeffer
1 Prise geriebene Muskatnuss
2 EL Parmesanhobel

1. Mangold waschen, trocken schleudern und weiße Stiele von den Blättern schneiden. Blätter in Streifen und Stiele in sehr feine Streifen schneiden. Zwiebel schälen und mit Knoblauch würfeln.

2. Zwiebel- und Knoblauchwürfel in einem Topf mit 2 Esslöffeln Brühe glasig dünsten und Mangoldstreifen zufügen. Mehl in 2 Esslöffeln Brühe anrühren, mit restlicher Brühe zum Mangoldgemüse geben und zugedeckt ca. 10 Minuten köcheln lassen. Nudeln nach Packungsanweisung in Salzwasser garen.

3. Sauce mit Schmand, Zitronensaft und Kräutern verfeinern und mit Salz, Pfeffer und Muskatnuss würzen. Nudeln abgießen, mit Sauce anrichten und mit Parmesan bestreuen. Nach Wunsch mit Kräutern und rosa Pfefferbeeren garniert servieren.

pro Person 9 ProPoints Wert
1665 kJ
398 kcal

Artischocken-Zitronen-Linguine

Fertig in: 20 Minuten
Davon aktiv: 15 Minuten

Für 2 Personen:
1 Eichblattsalat
125 ml Dickmilch, 3,5 % Fett
1 TL Honig
2 EL Himbeeressig
25 g getrocknete Cranberrys
Salz, Pfeffer
1 Knoblauchzehe
1/2 unbehandelte Zitrone
1 Dose Artischockenherzen (240 g Abtropfgewicht)
120 g trockene Linguine
2 TL Olivenöl
250 ml Gemüsebrühe (1 TL Instantpulver)
100 ml Cremefine zum Kochen, 7 % Fett
1 TL heller Saucenbinder
1 Msp. Chiliflocken

1. Salat waschen, trocken schleudern und in mundgerechte Stücke zerteilen. Für das Dressing Dickmilch mit Honig, Essig und Cranberrys pürieren und mit Salz und Pfeffer abschmecken. Knoblauch in Scheiben schneiden. 1 Prise Zitronenschale abreiben. Artischockenherzen abtropfen lassen und halbieren. Nudeln nach Packungsanweisung in Salzwasser garen.

2. Öl in einer Pfanne erhitzen, Knoblauchscheiben darin kurz anbraten und mit Brühe ablöschen. Artischockenhälften, Zitronenschale und Cremefine zufügen, Saucenbinder einrühren und aufkochen. Sauce mit Chiliflocken würzen und mit Salz und Pfeffer abschmecken. Salat mit Dressing mischen. Nudeln abgießen und mit Sauce und Salat servieren.

pro Person 10 ProPoints Wert
2019 kJ
483 kcal

Pfifferling-Petersilien-Pasta

Fertig in: 30 Minuten
Davon aktiv: 20 Minuten

Für 2 Personen:
400 g Pfifferlinge (ersatzweise Champignons)
1 Bund Frühlingszwiebeln
1/2 Kugel Mozzarella light
1 TL Pflanzenöl
2 TL Mehl
80 ml trockener Weißwein
300 ml Gemüsebrühe (1 TL Instantpulver)
120 g trockene Farfalle
Salz
3 EL Crème légère
2 EL gehackte Petersilie
Pfeffer
1/2 TL Paprikapulver

1. Pfifferlinge trocken abreiben, gegebenenfalls waschen und große Pfifferlinge halbieren. Frühlingszwiebeln waschen und in Ringe schneiden. Mozzarella abtropfen lassen und würfeln.

2. Öl in einer Pfanne erhitzen, Pfifferlinge und Frühlingszwiebelringe darin ca. 3–4 Minuten anbraten und mit Mehl bestäuben. Mit Wein und Brühe ablöschen und ca. 10 Minuten köcheln lassen. Nudeln nach Packungsanweisung in Salzwasser garen.

3. Sauce mit Crème légère und Petersilie verfeinern. Mit Salz, Pfeffer und Paprikapulver würzen und Mozzarellawürfel unterheben. Nudeln abgießen und mit Sauce servieren.

pro Person
10 ProPoints Wert
1705 kJ
408 kcal

Zuviel Flüssigkeit
200 ml Gemüsebrühe

Ziegenkäseravioli mit Tomatensauce

Fertig in: 1 Stunde 45 Minuten
Davon aktiv: 35 Minuten

Für 4 Personen:
260 g Mehl
1 Ei
Salz
120 ml Wasser
10 grüne Oliven, pur, ohne Stein
120 g Frischkäse, bis 5 % Fett absolut
4 EL Ziegenfrischkäse
2 EL saure Sahne
1 TL Honig
1 TL fein gehackter Rosmarin
1/2 Knoblauchzehe
8 Tomaten
200 ml Tomatensaft
1 TL Gemüsebrühe (1 Prise Instantpulver)
1/2 Packung italienische Kräuter (TK)
Pfeffer
2 TL heller Balsamicoessig
1 Prise Zucker

1. 240 g Mehl, Ei, 1/2 Teelöffel Salz und Wasser zu einem elastischen aber festen Teig verkneten. Teig ca. 1 Stunde ruhen lassen.

2. Für die Füllung Oliven hacken, mit Frisch-, Ziegenkäse, saurer Sahne und Honig verrühren, mit Rosmarin verfeinern und mit Salz abschmecken. Teig halbieren und jeweils dünn ausrollen. Eine Teiglage in ca. 4 cm Abstand mit je 1 Teelöffel Füllung belegen und mit restlichem Teig bedecken. Teig um die Füllung herum leicht andrücken und mit einem Teigrädchen ausschneiden. Küchentuch mit restlichem Mehl bestäuben, Ravioliränder mit einer Gabel andrücken, Ravioli auf das Tuch setzen und antrocknen lassen.

3. Für die Tomatensauce Knoblauch pressen. Tomaten waschen, würfeln, mit Tomatensaft und Brühe in einen Topf geben und aufkochen. Kräuter zufügen und ca. 10 Minuten köcheln lassen. Ravioli in kochendem Salzwasser ca. 5 Minuten garen. Sauce mit Salz, Pfeffer, Essig und Zucker würzen. Ravioli gut abtropfen lassen und mit Tomatensauce servieren.

pro Person 9 ProPoints Wert
1883 kJ
451 kcal

Penne mit Radicchio-Pilz-Sauce

Fertig in: 30 Minuten
Davon aktiv: 25 Minuten

Für 4 Personen:
160 g trockene Penne
Salz
750 g gemischte Pilze
(z. B. Pfifferlinge, Champignons)
1 Radicchio
2 TL Olivenöl
200 ml trockener Rotwein
100 ml Gemüsebrühe
(1/2 TL Instantpulver)
60 g Frischkäse, bis 5 % Fett absolut
4 EL geriebener Parmesan
Salz, Pfeffer
3 EL dunkler Balsamicoessig

1. Nudeln nach Packungsanweisung in Salzwasser garen. Pilze trocken abreiben, gegebenenfalls waschen und je nach Größe halbieren oder vierteln. Salat waschen und die Hälfte davon in Streifen schneiden. Öl in einer Pfanne erhitzen, Pilze darin ca. 5 Minuten andünsten, Salatstreifen dazugeben und kurz mitdünsten.

2. Pilze mit Rotwein und Brühe ablöschen, Frischkäse und Parmesan einrühren, mit Salz und Pfeffer abschmecken und weitere ca. 5 Minuten garen. Nudeln abgießen.

3. Restlichen Salat auf Tellern verteilen und mit Balsamicoessig beträufeln. Nudeln darauf anrichten und mit Radicchio-Pilz-Sauce servieren.

pro Person 7 ProPoints Wert | 1268 kJ | 303 kcal

Spirelli mit Spargel-Zuckererbsen-Sauce

Fertig in: 20 Minuten
Davon aktiv: 20 Minuten

Für 2 Personen:
350 g weißer Spargel
150 g Zuckererbsenschoten
120 g trockene Spirelli
Salz
1 TL Pflanzenöl
1 TL Zucker
250 ml fettarme Milch
Pfeffer
1/2 unbehandelte Zitrone
1 Stängel Basilikum
75 ml Cremefine zum Kochen, 15 % Fett

1. Spargel schälen und die holzigen Enden abschneiden. Zuckererbsenschoten waschen und mit Spargel in mundgerechte Stücke schneiden. Nudeln nach Packungsanweisung in Salzwasser garen.

2. Öl in einer Pfanne erhitzen und Spargel- und Zuckererbsenschotenstücke darin kurz anbraten, mit Zucker bestreuen und ca. 2–3 Minuten karamellisieren. Gemüse mit Milch ablöschen, mit Salz und Pfeffer würzen und ca. 2–3 Minuten köcheln lassen.

3. 1 Prise Zitronenschale abreiben. Basilikum waschen, trocken schütteln und Blätter abzupfen. Sauce mit Cremefine und Zitronenschale verfeinern und mit Salz und Pfeffer abschmecken. Nudeln abgießen, mit Sauce vermischen und mit Basilikumblättern garniert servieren.

pro Person 10 ProPoints Wert | 1872 kJ | 448 kcal

Gnocchi in Salbeisauce

Fertig in: 70 Minuten
Davon aktiv: 40 Minuten

Für 4 Personen:
450 g mehligkochende Kartoffeln
Salz
Pfeffer
100 g Mehl
80 g Kartoffelstärke
1 Bund Salbei
1 TL Pflanzenöl
150 ml Gemüsebrühe
(1/2 TL Instantpulver)
3 EL Cremefine zum Verfeinern
1 TL Speisestärke
2 EL Wasser
4 EL geriebener Parmesan
2 Salatherzen
2 Tomaten
1 Salatgurke
150 g fettarmer Joghurt
2 EL Schmand
1 TL Zitronensaft
1 Prise Zucker
1 EL gehackte Petersilie

pro Person
9 ProPoints Wert
1695 kJ
405 kcal

1. Kartoffeln schälen und ca. 25 Minuten in Salzwasser garen. Abgießen, ausdampfen lassen, durch eine Kartoffelpresse drücken und mit Mehl, Stärke und 1 Teelöffel Salz zu einem glatten Teig verkneten. Zu fingerdicken Rollen formen und in ca. 2 cm lange Stücke schneiden. Teig zu Kugeln formen und mit einer Gabel flach drücken. Gnocchi in Salzwasser gar ziehen lassen, bis sie oben schwimmen. Mit einem Schaumlöffel herausheben und abtropfen lassen.

2. Salbei waschen, trocken schütteln und die Blätter in Streifen schneiden. Öl in einer Pfanne erhitzen und Salbeistreifen darin ca. 1 Minute andünsten. Mit Brühe ablöschen und mit Cremefine verfeinern. Stärke mit Wasser anrühren, in die Sauce geben und kurz aufkochen. Sauce salzen, pfeffern und mit Parmesan verfeinern.

3. Salat waschen, trocken schleudern und in mundgerechte Stücke zerteilen. Tomaten waschen und in Scheiben schneiden. Gurke schälen und in dünne Scheiben schneiden. Für das Dressing Joghurt, Schmand und Zitronensaft verrühren, mit Salz, Pfeffer, Zucker und Petersilie würzen. Dressing über den Salat träufeln. Gnocchi mit Salbeisauce und buntem Salat servieren.

Penne mit Kürbis-Walnuss-Sauce

Fertig in: 25 Minuten
Davon aktiv: 20 Minuten

Für 2 Personen:
1/2 Hokkaidokürbis (ca. 400 g)
1 Zwiebel
1 TL Walnussöl
(ersatzweise Pflanzenöl)
2 EL gehackte Walnüsse
350 ml Gemüsebrühe
(1 TL Instantpulver)
120 g trockene Vollkornpenne
Salz
1 Lollo bianco
2 EL saure Sahne
2 EL gemischte gehackte Kräuter
Pfeffer
1 Prise geriebene Muskatnuss
150 ml Weight Watchers
Tomaten Dressing, mit Basilikum

1. Kürbis waschen, vierteln und Kerne mit einem Löffel entfernen. Zwiebel schälen und mit Kürbis in Würfel schneiden. Öl in einem Topf erhitzen und 1 Esslöffel Walnüsse, Zwiebel- und Kürbiswürfel darin ca. 4–5 Minuten anbraten. Mit Brühe ablöschen und zugedeckt ca. 10 Minuten köcheln lassen. Nudeln nach Packungsanweisung in Salzwasser garen.

2. Salat waschen, trocken schleudern und in mundgerechte Stücke zerteilen. Sauce pürieren, mit saurer Sahne und Kräutern verfeinern und mit Salz, Pfeffer und Muskatnuss würzen. Salat mit Dressing vermischen. Nudeln abgießen und mit Sauce anrichten. Mit restlichen Walnüssen bestreuen und mit Salat servieren.

pro Person
11 ProPoints Wert

1980 kJ
474 kcal

Zuviel Soße, deshalb 1x mit Nudeln und den Rest als Suppe servieren = 2 Essen

Rigatoni mit Zucchinisauce

Fertig in: 20 Minuten
Davon aktiv: 15 Minuten

Für 4 Personen:
300 g trockene Rigatoni
Salz
1 Zwiebel
500 g Zucchini
2 TL Pflanzenöl
1 Knoblauchzehe
150 ml Gemüsebrühe
(1 TL Instantpulver)
200 g Frischkäse,
bis 1 % Fett absolut
250 g Cocktailtomaten
Pfeffer
1 TL gehackte italienische
Kräuter

1. Nudeln nach Packungsanweisung in Salzwasser garen. Zwiebel schälen und würfeln. Zucchini waschen und in Scheiben schneiden.

2. Öl in einer Pfanne erhitzen, Knoblauch dazupressen, Zwiebelwürfel und Zucchinischeiben zufügen und darin kurz anbraten. Brühe mit Frischkäse verrühren, zugeben und aufkochen.

3. Tomaten waschen, halbieren und in der Sauce erwärmen. Mit Salz und Pfeffer würzen und mit italienischen Kräutern verfeinern. Rigatoni abgießen und mit Zucchinisauce servieren.

pro Person
9 ProPoints Wert
1524 kJ
365 kcal

Makkaroni mit Wirsingsauce

Fertig in: 30 Minuten
Davon aktiv: 15 Minuten

Für 2 Personen:
1 Zwiebel
1/2 Wirsing (ca. 300 g)
200 g Champignons
2 TL Pflanzenöl
1 Knoblauchzehe
1 TL Mehl
300 ml Gemüsebrühe
(1 TL Instantpulver)
Salz
bunter Pfeffer
1 Prise geriebene Muskatnuss
120 g trockene Makkaroni
1 TL gehackter Estragon

1. Zwiebel schälen und würfeln. Wirsing putzen, vierteln, den Strunk entfernen und Wirsing in Streifen schneiden. Champignons trocken abreiben und vierteln.

2. Öl in einer Pfanne erhitzen, Knoblauch dazupressen, Zwiebelwürfel, Champignonviertel und Wirsingstreifen zufügen, mit Mehl bestäuben und ca. 3–4 Minuten braten. Mit Brühe ablöschen, mit Salz, Pfeffer und Muskatnuss würzen und zugedeckt ca. 15 Minuten köcheln lassen. Nudeln nach Packungsanweisung in Salzwasser garen und abgießen. Sauce mit Estragon verfeinern, mit Salz und Pfeffer abschmecken, mit Nudeln anrichten und servieren.

pro Person 7 ProPoints Wert | 1438 kJ 344 kcal

Verfeinern Sie die Sauce ...

... mit 80 g Schmelzkäse (20 % Fett i. Tr.). Der *ProPoints*® Wert pro Person erhöht sich auf 9 (2072 kJ / 495 kcal).

Vollkornspirelli mit provenzalischer Gemüsesauce

Fertig in: 30 Minuten
Davon aktiv: 20 Minuten

Für 2 Personen:
1 rote Zwiebel
1 Aubergine (ca. 300 g)
1 Dose Artischockenherzen (240 g Abtropfgewicht)
4 schwarze Oliven ohne Stein
1 Zweig Rosmarin
2 TL Olivenöl
300 g passierte Tomaten (Konserve)
100 ml Gemüsebrühe (1/2 TL Instantpulver)
120 g trockene Vollkornspirelli
Salz
100 ml Cremefine zum Kochen, 7 % Fett
1 TL Agavendicksaft
1 EL gehackte Kräuter der Provence
Pfeffer

1. Zwiebel schälen und in Spalten schneiden. Aubergine waschen und würfeln. Artischockenherzen abtropfen lassen und halbieren. Oliven in Ringe schneiden. Rosmarin waschen und trocken schütteln.

2. Öl in einer Pfanne erhitzen und Zwiebelspalten, Auberginenwürfel, Artischockenhälften und Rosmarin darin ca. 3–4 Minuten anbraten. Mit Tomaten und Brühe ablöschen, Olivenringe zugeben und zugedeckt ca. 8 Minuten köcheln lassen. Nudeln nach Packungsanweisung in Salzwasser garen.

3. Rosmarin aus der Sauce entfernen und mit Cremefine, Agavendicksaft und Kräutern verfeinern. Sauce mit Salz und Pfeffer würzen und kurz aufkochen. Nudeln abgießen und mit Sauce servieren.

pro Person
9 ProPoints Wert
2021 kJ
483 kcal

Pasta mit Spinat-Roquefort-Sauce

Fertig in: 25 Minuten
Davon aktiv: 15 Minuten

Für 2 Personen:
1 Zwiebel
1 TL Pflanzenöl
500 g Blattspinat (TK)
250 ml Gemüsebrühe (1 TL Instantpulver)
120 g trockene Linguine
Salz
1 EL gehackte Pinienkerne
1 Tomate
1 Ecke Roquefort (30 g)
100 ml Cremefine zum Kochen, 7 % Fett
1 EL grünes Pesto
Pfeffer
1 Prise geriebene Muskatnuss
1 Msp. Kreuzkümmel

1. Zwiebel schälen und in Würfel schneiden. Öl in einem Topf erhitzen und Zwiebelwürfel darin glasig dünsten. Spinat mit 75 ml Brühe dazugeben und zugedeckt auftauen lassen. Restliche Brühe zufügen und ca. 8–10 Minuten köcheln lassen. Nudeln nach Packungsanweisung in Salzwasser garen.

2. Pinienkerne fettfrei in einer Pfanne rösten und herausnehmen. Tomate waschen und würfeln. Käse mit einer Gabel zerdrücken. Sauce mit Cremefine, Käse und Pesto verfeinern, mit Salz, Pfeffer, Muskatnuss und Kreuzkümmel würzen und erwärmen. Nudeln abgießen, mit Sauce mischen und mit Tomatenwürfeln und Pinienkernen bestreut servieren.

pro Person 11 ProPoints Wert
1947 kJ
466 kcal

Bavette mit Walnusscreme

Fertig in: 35 Minuten
Davon aktiv: 35 Minuten

Für 4 Personen:
200 g trockene Bavette (ersatzweise Spaghetti)
Salz
1/2 Zitrone
100 g Ziegenfrischkäse
5 EL Schmand
3 EL gehackte Walnüsse
1 TL gehackter Thymian
Pfeffer
300 g Rucola
3 rote Birnen
2 EL Himbeeressig
1 TL Pflanzenöl
30 ml Wasser
2 TL kalorienreduzierte Himbeerkonfitüre

1. Nudeln nach Packungsanweisung in Salzwasser garen. Zitronenhälfte auspressen. Für die Walnusscreme Ziegenfrischkäse, Schmand, 5 Esslöffel Nudelwasser, 1/4 Teelöffel Zitronensaft, Walnüsse und Thymian verrühren. Mit Salz und Pfeffer würzen.

2. Rucola waschen und trocken schleudern. Birnen waschen, vierteln, entkernen und in Scheiben schneiden. Für das Dressing restlichen Zitronensaft, Himbeeressig, Öl, Wasser und Konfitüre verrühren. Mit Salz und Pfeffer kräftig würzen. Dressing mit Rucola und Birnenscheiben vermengen.

3. Nudeln abgießen, Walnusscreme unterrühren und kurz erwärmen. Mit Rucola-Birnen-Salat servieren.

pro Person 9 ProPoints Wert
1781 kJ
426 kcal

Grieß

Grundrezept Pastateig

Fertig in: 70 Minuten
Davon aktiv: 35 Minuten

Für 5 Personen:
190 g Mehl
170 g trockener Hartweizengrieß
1/2 TL Salz
170 ml kaltes Wasser

1. 170 g Mehl mit Hartweizengrieß und Salz mischen, auf die Arbeitsfläche häufen und in die Mitte eine Vertiefung drücken. Wasser in die Vertiefung geben und alle Zutaten vorsichtig von innen nach außen mit den Händen einarbeiten. Den Teig kräftig durchkneten, in Frischhaltefolie wickeln und ca. 30 Minuten ruhen lassen.

2. Teig in vier Stücke teilen und nochmals kneten, bis der Teig geschmeidig ist. Dabei mit maximal 15 g Mehl bestäuben. Arbeitsfläche mit restlichem Mehl bestäuben und Teig darauf rechteckig und dünn ausrollen. Mit einem scharfen Messer in lange, gleichmäßige Streifen schneiden, sodass Bandnudeln in gewünschter Breite entstehen. Ergibt ca. 500 g Nudelteig. Nudeln in kochendes Salzwasser geben und ca. 2 Minuten garen.

pro Person 6 ProPoints Wert
989 kJ
237 kcal

Gelbe Pasta:
2 Messerspitzen gemahlenen Safran mit 170 ml Wasser zu 170 g Mehl, 170 g trockener Hartweizengrieß und 1/2 Teelöffel Salz geben. Wie im Grundrezept zubereiten und mit 20 g Mehl ausrollen.
989 kJ
237 kcal

Orange Pasta:
3 Esslöffel Tomatenmark mit 150 ml Wasser zu 170 g Mehl, 170 g trockenen Hartweizengrieß und 1/2 Teelöffel Salz geben. Wie im Grundrezept zubereiten und mit 20 g Mehl ausrollen.
1009 kJ
241 kcal

Rote Pasta:
100 ml Rote-Bete-Saft mit 70 ml Wasser zu 170 g Mehl, 170 g trockenen Hartweizengrieß und 1/2 Teelöffel Salz geben. Wie im Grundrezept zubereiten und mit 20 g Mehl ausrollen.
1025 kJ
245 kcal

Grüne Pasta:
200 g blanchierten, fein gehackten Spinat mit 120 ml Wasser zu 170 g Mehl, 170 g trockenen Hartweizengrieß und 1/2 Teelöffel Salz geben. Wie im Grundrezept zubereiten und mit 20 g Mehl ausrollen.
1013 kJ
242 kcal

Italienische Pasta ...

... wird traditionell ohne Ei hergestellt. Nudelteig mit Ei wird meist bei der Herstellung von Ravioli verwendet.

Pikante Ravioli in Tomatencremesauce

Fertig in: 1 Stunde 10 Minuten
Davon aktiv: 45 Minuten

Für 4 Personen:
145 g Mehl
2 EL trockener Hartweizengrieß
Salz
1 Ei
5 TL Pflanzenöl
3 EL Wasser
150 g Spinat
1 kleine rote Chilischote
1 Zwiebel
150 g Räuchertofu
100 g Frischkäse,
bis 1 % Fett absolut
Pfeffer
1/2 TL gehackter Majoran
1 Schalotte
400 g passierte Tomaten
(Konserve)
1 TL gehackter Thymian
1 TL gehackter Salbei

pro Person
7 ProPoints Wert
1778 kJ
425 kcal

1. Für den Teig 135 g Mehl mit Grieß und 1 Teelöffel Salz vermischen. Ei mit 3 Teelöffeln Öl verquirlen, mit Wasser zur Mehlmischung geben. Zu einem glatten Teig verkneten, zu einer Kugel formen und ca. 30 Minuten im Kühlschrank ruhen lassen.

2. Arbeitsfläche mit restlichem Mehl bestäuben, Teig darauf dünn zu einem Viereck (ca. 25 x 25 cm) ausrollen und halbieren.

3. Spinat und Chilischote waschen. Zwiebel schälen. Spinat hacken und Chilischote entkernen. Chilischote mit Zwiebel in feine Würfel schneiden. Tofu mit einer Gabel zerdrücken. Restliches Öl in einer Pfanne erhitzen, Tofu mit Chili- und Zwiebelwürfeln darin ca. 5 Minuten braten. Frischkäse und Spinat unterheben. Mit Salz, Pfeffer und Majoran würzen.

4. Füllung in ca. 4 cm großen Abständen auf einer Teighälfte verteilen. Die Ränder rund um die Füllung mit Wasser bestreichen und zweite Teighälfte darüberlegen. Ravioli mit einem Teigrädchen ausschneiden und die Ränder mit einer Gabel fest andrücken. Ravioli in Salzwasser ca. 15 Minuten garen.

5. Für die Sauce Schalotte schälen und würfeln. Im Bratensatz ca. 5 Minuten glasig andünsten, mit Tomaten ablöschen und aufkochen. Mit Salz, Pfeffer, Thymian und Salbei abschmecken und mit Ravioli servieren.

Jetzt liebe ich es, gesund zu kochen!

Seit Nadine das Weight Watchers Programm macht, genießt sie ein ganz neues Lebensgefühl, und ihre Familie und Freunde werden mit leckeren Mahlzeiten verwöhnt. Aber vor allem hat die 25-Jährige seither über 25 Kilo abgenommen und ihr Selbstvertrauen wiedergewonnen:

Ich lebe mit meiner Mutter und ihrem Freund in Bochum. Seit Anfang letzten Jahres bin ich fürs Kochen zuständig. Das war vor Kurzem noch unvorstellbar, denn da ging es immer nur darum, schnell mal irgendwas zwischendurch zu essen. Als ich mein Bachelor-Studium anfing, geriet mein Alltag völlig durcheinander, und zwischen Universität und Arbeit habe ich immer nur nebenbei gegessen. Ich habe relativ wenig gegessen, aber sehr fettig, gehaltvoll und ungesund. Es gab fast ausschließlich Pommes, Jägerwurst und sehr viel Süßkram. Ich nahm stetig zu, und irgendwann konnte ich nicht mehr ignorieren, dass ich Übergewicht hatte. Ich fühlte mich sehr unwohl und habe viel geweint. Klamotten kaufen war ein Horror für mich. Ich trug nur noch Leggings, und ich ging jedem Fotoapparat aus dem Weg.

Als ich dann doch ein Foto von mir sah, erschrak ich sehr. Mir wurde klar, dass es so nicht mehr weiter gehen konnte und dass ich sehr viel abnehmen musste – und zwar nachhaltig. Ich machte Nägel mit Köpfen und ging zum Weight Watchers Treffen in Herne-Eickel. Der Coach konnte mich sehr motivieren, und die Atmosphäre in der Gruppe war toll, sodass ich mir diese Aufgabe zutraute. Ich ging jede Woche zum Treffen, das Programm gefiel mir gut und war ganz einfach in mein Leben zu integrieren. Der Austausch in der Gruppe gab mir den Halt, um nicht aufzugeben, und mit dem *ProPoints*® Plan lernte ich viel über gesunde Ernährung. Seitdem trinke ich viel mehr und esse jetzt regelmäßig: es gibt Frühstück, Mittag- und Abendessen, und Obst und Gemüse stehen ganz oben auf meinem Speiseplan.

Kochen machte mir plötzlich Spaß, und ich erkannte, wie einfach es ist, Mahlzeiten für unterwegs vorzubereiten, mit etwas Planung gesunde und sättigende Gerichte für alle zu zaubern oder eine Party mit einem gesunden Buffet auszustatten. Allen schmeckte es, und bei mir purzelten die Pfunde! Bereits in der ersten Woche habe ich zwei Kilo abgenommen, und nach sieben Monaten war es vollbracht: Ich hatte mein Traumgewicht erreicht! Ich fühle mich viel fitter und bin glücklich und superstolz!
„Wenn ich das geschafft habe, schaffe ich alles andere auch. Ich wünsche allen, die sich auch so ein Ziel gesetzt haben, viel Erfolg!"

Wenn Sie wie Nadine durchstarten möchten, schauen Sie bei einem Weight Watchers Treffen in Ihrer Nähe vorbei:
www.weightwatchers.de/treffenfinden

www.weightwatchers.de/monatspass

„Meine Lieblingsrezepte aus diesem Kochbuch sind Lachs in feiner Zitronensauce (S. 56) und Vollkornspirelli mit provenzalischer Gemüsesauce (S. 99)."

Redaktion:
Weight Watchers
Ewa Tacke, Claudia Thienel

Realisierung:
The Food Professionals Köhnen AG, Sprockhövel

Projektleitung:
Silke Höpker

Rezepte:
Ingrid Schmand, Insa Weißpfennig

Versuchsküche:
Alexandra Wittenstein

Fotografie:
Klaus Arras, Dirk Przibylla, Stefan Schulte-Ladbeck
Thinkstock (Seiten U3, 4–6, 46, 66), iStockphoto (Seite 46)

Foodstyling:
Katja Briol, Stefan Mungenast, Christa Schraa

Gestaltungskonzept und Grafik:
The Food Professionals Köhnen AG, Sprockhövel
Petra Penker, Stefan Windus

Druck:
Paffrath Print & Medien GmbH, Remscheid

1. Auflage 2014

ISBN 978-3-9814555-9-5

Info-Hotline 01802-23 45 64* (Deutschland)
www.weightwatchers.de

*0,06 €/Anruf aus dem deutschen Festnetz. Mobilfunk höchstens 0,42 €/Minute.

PEFC zertifiziert
Dieses Papier stammt aus nachhaltig bewirtschafteten Wäldern und kontrollierten Quellen.

www.pefc.de